Diane Boileau

Les aventures de Mollo

2e année

Exercices et dictées

TRÉCARRÉ

Couverture :
   Cyclone Design Communications

Conception de la grille :
   Cyclone Design Communications

Mise en pages :
   Ateliers de typographie Collette inc.

Illustrations :
   Christine Battuz

Révision et correction d'épreuves :
   Jean-Pierre Leroux

ISBN 2-89249-794-9

Dépôt légal – 1998
Bibliothèque nationale du Québec

Imprimé au Canada
01 02 03 04 01 00 99 98

Éditions du Trécarré
Saint-Laurent (Québec) Canada

*Nous reconnaissons l'aide financière du gouvernement du Canada
par l'entremise du Programme d'Aide au Développement de l'Industrie
de l'Édition pour nos activités d'édition.*

Allô!

Je m'appelle Mollo. Comme toi, je suis en 2e année. Je suis une drôle de petite coccinelle. J'ai encore beaucoup de difficulté à me servir de mes ailes. Si tu me rencontres, prends-moi et dépose-moi sur ta main. Tu verras que je me déplace très lentement.

C'est la même chose à l'école. Je ne suis pas rapide mais je travaille bien. Petit à petit, j'apprends à lire et à bien écrire des lettres et des mots. Ouf! C'est difficile mais je suis patient. Il y a des mots et des règles d'orthographe qui sont très faciles. Mais il y en a aussi qui sont tellement difficiles à retenir que je dois les étudier plusieurs fois.

J'ai hâte de travailler avec toi. Ce sera plus facile à deux. Voici comment nous allons faire :

1 Lire attentivement, comprendre et étudier les verbes et les règles de grammaire et d'orthographe.

2 Faire soigneusement les exercices de la leçon.

3 Mémoriser les mots qui seront dans les dictées. Ils sont tous écrits sur les wagons du train au bas de chaque page d'étude.

4 Écrire avec application les dictées données par papa ou maman.

Veux-tu faire le jeu que je t'ai préparé? Tu le trouveras sur les pages situées au centre de ton cahier. Pour découvrir ce qui se cache dans ma tente, tu devras replacer des lettres que j'ai mêlées. Dès que papa ou maman aura fini de corriger les exercices et les deux dictées d'une leçon, va écrire au bon endroit la lettre qui correspond au numéro de cette leçon.

Bon travail!

Mollo

Table des matières

Comment favoriser l'apprentissage de l'orthographe ?

Apprendre à bien écrire le français n'est pas chose facile. Pour développer des bases solides dans cet apprentissage, l'étude de l'orthographe doit se faire lentement, progressivement, au fil des années. L'enfant de 2e année apprend des mots et des petites règles de grammaire qu'il est en mesure d'assimiler. Plus souvent il lira et écrira ses mots de vocabulaire, plus vite il les mémorisera. Il faut donc multiplier les occasions de faire écrire votre enfant et de lui faire observer l'orthographe des mots.

Comment sont structurées les leçons ?

La coccinelle Mollo accompagne votre enfant tout au long du cahier divisé en 20 leçons. Chacune comporte :
- deux notions à comprendre et à étudier : des verbes (mots d'action en caractères gras seulement), des lettres de l'alphabet, des sons ou des petites règles de ponctuation et de grammaire ;
- des exercices pratiques pour les appliquer ;
- des mots de vocabulaire à mémoriser : noms, adjectifs et mots invariables (écrits sur les wagons du train) ;
- des phrases à lire pour comprendre le sens des mots à étudier ;
- deux dictées à donner à votre enfant à la fin de la leçon pour réviser les notions, les mots de vocabulaire et les mots invariables étudiés.

Comment répartir le temps des leçons ?

Nous vous conseillons de faire en moyenne une leçon par semaine.
1er et 2e jour : faire étudier les notions et exécuter les exercices pratiques correspondants ;
3e jour : faire mémoriser les mots de vocabulaire et les mots invariables ;
4e jour : donner la première dictée ;
5e jour : donner la deuxième dictée.

Comment corriger les exercices et donner les dictées ?

Avant de commencer les leçons, il serait souhaitable de réviser avec votre enfant les sons appris en 1re année et d'y revenir occasionnellement si votre enfant a tendance à les oublier. Vous trouverez le tableau des sons de 1re année aux pages 72 et 73.

Les corrigés de tous les exercices et les dictées à donner à votre enfant sont sur des feuilles détachables à la fin du cahier. Au début, vous pouvez lui lire les consignes.
- Si votre enfant ne sait pas comment écrire un mot, (ex. : camarade) vous pouvez l'aider en lui disant que le mot s'écrit comme il se prononce et lui dicter par syllabes : ca/ ma/ ra/ de.
- Il y a des mots que vous devrez rappeler à votre enfant parce qu'il les aura appris dans une leçon précédente ou dans une leçon de 1re année, et peut-être oubliés.
- Pour l'aider davantage, vous pouvez lui faire écrire graduellement ses mots à étudier sur des cartons et les conserver d'une leçon à l'autre.

En quoi consiste le jeu des pages centrales du cahier?

Ce jeu amusera et encouragera votre enfant à continuer son travail. Il s'agit de découvrir ce qui se cache dans la tente de Mollo. À chaque leçon correspond une lettre écrite au bas de l'illustration. Lorsque les exercices et les deux dictées d'une leçon sont terminés et corrigés, votre enfant peut inscrire à l'endroit approprié la lettre correspondant à la leçon qu'il vient de terminer. Vous devez vérifier si votre enfant inscrit bien la lettre au bon endroit. Finalement, il peut colorier l'illustration si le cœur lui en dit.

Leçon

Je **suis**
Tu **es**

Il **est**
Elle **est**

Elles **sont**
Ils **sont**

(Aujourd'hui)

Je **suis** en forme.

L'action du verbe **être**

(Hier)
J'**ai été**
Il **était**
Elle **était**

Peux-tu réciter ton alphabet ?
Il y a 26 lettres dans l'alphabet : 6 voyelles et 20 consonnes.

a b c d **e** f g h **i** j k l m n **o** p q r s t **u** v w x **y** z
Les **voyelles** a, e, i, o, u, y sont placées devant des consonnes différentes : **a** b   **e** f   **i** j   **o** p   **u** v   **y** z

Lecture

- Un homme et une dame se promènent dans la cour de l'école.

- Vite, sinon un autre va prendre ta place !

- Tu serais plus utile si tu allais à l'épicerie avec **lui**.

- Je suis content quand mon père joue avec **moi**. Et **toi** ?

noms	adjectifs	mots outils
une dame	large	lui
un homme	utile	moi
une place		toi
une cour		
un, une autre		

verbe

1 Écris les lettres de l'alphabet et les nombres manquants correspondants dans l'ordre.

1 2 __ 4 5 __ 7 8 __ 10 __ 12 __

a __ c d __ f __ h __ __ __ __ __

14 __ 16 17 __ 19 __ 21 __ __ 24 __ 26

n __ __ q __ __ __ __ __ w __ __ __

2 Découvre le message de Mollo.

J__ _____ _____ _____ ____

  5   19-21-9-19   3-15-14-20-5-14-20   4-5

_____ _____ _____ ____ ____ .

20-18-1-22-1-9-12-12-5-18   1-22-5-3   20-15-9

3 Choisis une forme du verbe *être* et écris-la dans la phrase qui convient.

> suis – ai été – es – était – sont – est

J' *ai été* malade.   Elles *sont* heureuses.

Je *suis* devant toi.   Tu *es* studieux.

Elle *est* la première.   Hier, il *était* à l'école.

4 Aide Mollo à écrire les lettres placées avant et après chacune des lettres suivantes selon l'ordre alphabétique.

___ l ___   ___ e ___

___ t ___   ___ n ___

___ g ___   ___ w ___

___ q ___   ___ i ___

___ y ___   ___ b ___

5 Choisis le mot qui convient pour compléter ces phrases.

(utile, large) Ce bâton _____ est très

_____ pour jouer au hockey.

(homme, cour, dame) Une _____ et un

_____ sont dans la _____ de l'école.

(moi, tu) Viens-_____ à la bibliothèque avec

_____ ?

(livre, autre) J'ai terminé mon _____, je veux

en prendre un _____ .

(place, lui) Mollo, tu es un petit espiègle ;

redonne-_____ sa _____ !

6 **Mémorise bien le verbe *être* avant de compléter ces phrases.**

Je _suis_ chanceuse. Hier, elle _était_ fatiguée mais aujourd'hui elle _est_ en pleine forme.

Tu _es_ certain qu'il _sera_ arrivé le premier?

Mes parents sont fiers de moi. Ils _sont_ contents de mon travail.

7 **Relie les points dans l'ordre alphabétique de *a* à *z* pour découvrir le dessin de Mollo.**

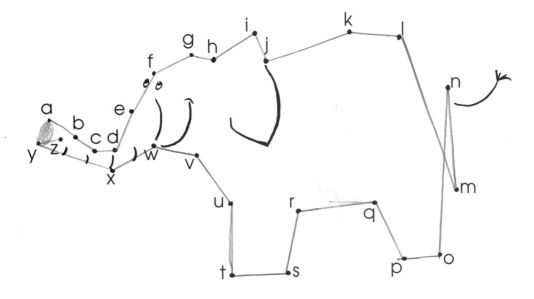

J'**ai**
Tu **as**

Il **a**
Elle **a**

Ils **ont**
Elles **ont**

(Aujourd'hui)
J'**ai**
7 ans.

L'action du verbe **avoir**

(Hier)
J'**ai eu**
Il **avait**
Elle **avait**

Connais-tu bien tous tes accents ?

accent aigu é	accent grave è	accent circonflexe â ê î ô û
école **é**pingle	m**è**re ch**è**vre	ch**â**teau f**ê**te **î**le h**ô**pital casse-cro**û**te

Lecture

- Vive les plaisirs de l'été : l'eau, l'air pur et les vacances !
- De ma fenêtre, je vois des arbres magnifiques.
- De l'autre côté de la plage, le paysage est plus sauvage.
- **Même** si ce sentier est court, je préfère que tu marches **à côté** de moi.

noms	adjectifs	mots outils
l'air l'eau le plaisir le côté la fenêtre	court courte	à côté même

verbe

page 12

1 Classe les mots suivants dans la bonne colonne selon leurs accents.

| tempête éléphant frère réponse lèvre râteau |

accent aigu

accent grave

accent circonflexe

_____
_____
_____

2 Choisis le bon pronom et écris-le devant le verbe qui convient dans les phrases suivantes.

| J' Il Elles Tu Ils Elle |

_____ ont peur du loup. _____ ai sept ans

aujourd'hui même. _____ a une jolie bicyclette.

_____ avait mal au bras. _____ as froid.

3 Écris les mots appropriés dans les phrases suivantes.

| court plaisir Même à côté fenêtre côté |

J'aime faire p __ __ __ __ __ __ à ma mère.

Le __ ô __ __ de cette __ __ __ ê __ __ __ est brisé.

__ ê __ __ si ce sentier est __ __ __ __ t, je préfère que

tu marches __ c __ __ __ de moi.

Leçon

Je **chante**
Tu **chantes**

(Aujourd'hui)
Je **chante**
l'opéra.

L'action du verbe **chanter**

Il **chante**
Elle **chante**

(Hier)
J'**ai chanté**
Tu **as chanté**
Il, elle **a chanté**
Ils, elles **ont chanté**

Ils **chantent**
Elles **chantent**

Sais-tu lire et écrire les sons que font **ph** et **sc** ?

ph = f photo éléphant	**sc** = ss scène scie	**sc** = sk sculpture scorpion

Lecture

- Grand-maman m'écrit une belle histoire dans sa lettre.

- Le froid empêche l'auto de grand-maman de démarrer.

- Nage **devant** moi, l'eau est trop froide.

- Mon professeur me dit d'aller au tableau **en avant**.

noms	adjectifs	mots outils
le froid l'auto l'histoire le tableau la lettre	froid froide	avant en devant

verbe

1 Encercle les lettres *ph* des mots suivants.

phoque   phare   photographe   pharmacienne

2 Classe les mots suivants selon le son des lettres *sc*.

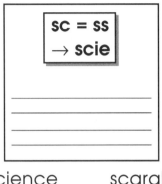

sc = ss → scie

sc = sk → scorpion

science   scarabée   scout   scénario

3 Relie le bon pronom au verbe qui convient.

Aujourd'hui		Hier	
Je	chantent	Tu	a chanté
Tu	chante	Elle	as chanté
Ils	chantes	Ils	ont chanté

4 Écris les mots suivants en te fiant aux lettres déjà inscrites.

froid histoire avant tableau devant lettre auto en

a _ _ _ _   _ n   _ _ b _ _ _ _

_ i _ _ _ _ _ _   _ _ t _ _ _   _ r _ _ _

_ _ v _ _ _   _ u _ _

Leçon

Je **donne**
Tu **donnes**

(Aujourd'hui)
Je **donne**
mon livre.

L'action du verbe **donner**

Il **donne**
Elle **donne**

(Hier)
J'**ai donné**
Tu **as donné**
Il, elle **a donné**
Ils, elles **ont donné**

Ils **donnent**
Elles **donnent**

Le son **é** s'écrit de plusieurs manières.

é = **é**, comme dans ét**é**, sant**é** et je suis fatigu**é** ;

é = **er**, comme dans boulang**er**, méti**er** et donn**er** ;

é = **ai**, comme dans j'**ai** peur et je donner**ai** ;

é = **ez**, comme dans vous part**ez** et vous donn**ez** ;

é = **et**, comme dans ma soeur **et** moi.

Lecture

• Je suis le deuxième d'une famille de trois enfants.

• Tu es **encore** le dernier à sauter dans le train.

• La dernière fois, nous avions joué **chez** toi.

• J'espère que ma prière sera entendue.

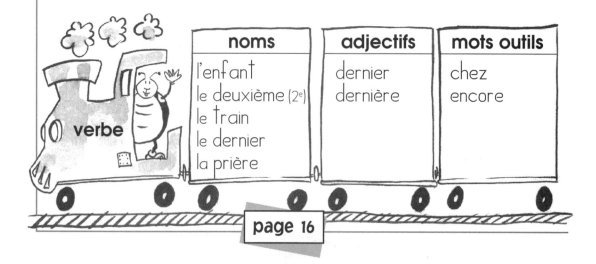

noms	adjectifs	mots outils
l'enfant	dernier	chez
le deuxième (2e)	dernière	encore
le train		
le dernier		
la prière		

verbe

1 Copie les mots soulignés dans le bon ballon.

Vous <u>avez</u> vu ? <u>J'ai</u> donné un <u>baiser</u> au <u>bébé</u> <u>et</u> il est content.

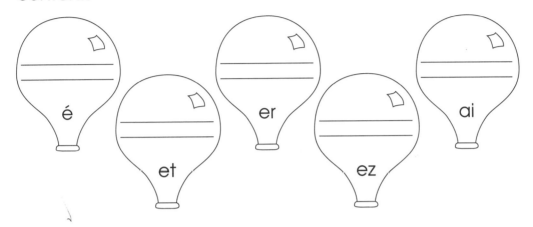

é

et

er

ez

ai

2 Écris les formes du verbe *donner* dans les phrases suivantes.

Qu'est-ce qu'on donne à maman pour son anniversaire ?
Je _____donne_____ un baiser. Tu _____donnes_____ un dessin.
Mes tantes, elles, _____donnent_____ un jeu. Papa, lui, il
_____donne_____ une fleur.

3 Complète les mots et relie ceux qui sont pareils.

| chez   enfant   deuxième   train |
| dernier   ils ont donné   encore   prière |

d — — — — — —   e — — — — e

i — — o — — d — — — é   — r — — —

p — — è — —   — — — x — — — —

— — — z   e — — — — t

Leçon 5

Je **joue**
Tu **joues**

Il **joue**
Elle **joue**

Ils **jouent**
Elles **jouent**

(Aujourd'hui)
Je **joue** au parc.

L'action du verbe **jouer**

(Hier)
J'**ai joué**
Tu **as joué**
Il, elle **a joué**
Ils, elles **ont joué**

Les lettres muettes

Quand tu lis les syllabes du mot *poupée*, tu lis *pou - pé*. Quand tu prononces ce mot, tu dis aussi *pou - pé*. Mais attention. Si tu écris ce mot, tu dois écrire *poupé**e*** même si tu n'entends pas le **e**. Une lettre muette est une lettre qu'on n'entend pas.

Ex. : poupé**e** **h**abi**t** bougi**e** chocola**t** foular**d** ananas

Lecture

- Une fois, j'ai passé deux jours chez mon ami Marco.
- La journée du mardi, on a joué jusqu'à neuf heures.
- Je m'amusais bien **mais** maman est venue me chercher.
- **Enfin**, je retrouve mon petit minou tout doux, tout doux!

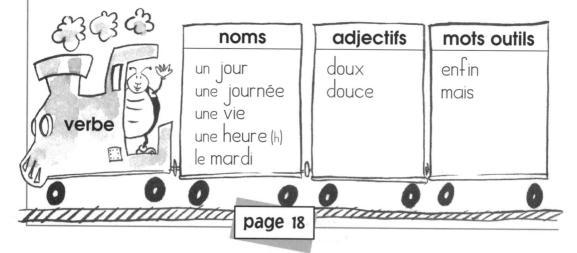

noms	**adjectifs**	**mots outils**
un jour	doux	enfin
une journée	douce	mais
une vie		
une heure (h)		
le mardi		

verbe

1 Tous ces gentils animaux ont perdu une lettre muette.
Peux-tu les aider à la retrouver ?

souri ___

renar ___

___ ibou

araigné ___

cha ___

perdri ___

sing ___

canar ___

2 Écris les formes du verbe *jouer* dans ces phrases.
À quoi aiment jouer les enfants ?

Je _____ à la marelle.

Elle _____ au ballon.

Ils _____ au soccer.

Tu _____ aux cartes.

3 Mollo a mêlé les syllabes de cinq mots de la leçon.
Peux-tu les trouver ?

| jour | ce | di | en | heu | née | dou | fin | re | mar |

_____

_____

_____

_____

_____

Leçon

Je **parle**
Tu **parles**

Il **parle**
Elle **parle**

Ils **parlent**
Elles **parlent**

(Aujourd'hui)

Je **parle** fort.

L'action du verbe **parler**

(Hier)

J'**ai parlé**
Tu **as parlé**
Il, elle **a parlé**
Ils, elles **ont parlé**

Une phrase est une idée que l'on explique avec des mots.

Elle commence toujours par une lettre majuscule et se termine par un point(.). Observe bien ces trois phrases.

Je mange une pomme.

Olivier fait son devoir.

Il y a beaucoup d'oiseaux dans le jardin.

Lecture

• Je vais en classe du lundi au vendredi.

• La fin de semaine, je prends **parfois** mon vélo bleu.

• **Ensuite**, je vais jouer chez mon amie Suzie.

• **Parfois**, nous aimons parler pendant des heures.

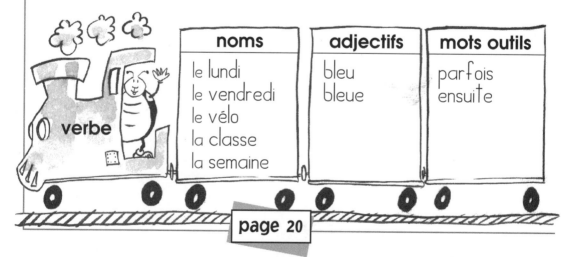

noms	adjectifs	mots outils
le lundi	bleu	parfois
le vendredi	bleue	ensuite
le vélo		
la classe		
la semaine		

verbe

1 **Replace les mots pour former des phrases.**

mère beaucoup bleuets Ma aime les

_____

_____

Olivier lettre une à J'écris belle

_____

_____

fait Sophie chambre son sa devoir dans

_____

_____

2 **Écris les formes du verbe *parler* avec le bon pronom.**

| parle | ai parlé | parlent | parles | as parlé | ont parlé |

j' _ai parlé_   ils _ont parlé_

tu _as parlé_   tu _parles_

ils _parlent_   elle _parle_

3 **Écris les mots qui complètent bien les phrases.**

(ensuite, parfois)

Je mange _____ des bleuets. _____,

je bois du lait.

(bleue, semaine)

Je mettrai ma jupe _____ cette _____.

(classe, vélo)

Fais-tu du _____ après la _____?

Je **cherche**
Tu **cherches**

(Aujourd'hui) L'action du verbe **chercher**

Je **cherche** mon ballon.

(Hier)

Il **cherche**
Elle **cherche**

J'ai **cherché**
Tu **as cherché**
Il, elle **a cherché**
Ils, elles **ont cherché**

Ils **cherchent**
Elles **cherchent**

Nom commun ou nom propre ?

Un nom **commun** de personne, d'animal ou de chose commence par une lettre minuscule. Ex.: un **b**oulanger, un **p**apa, un **é**léphant, une **a**utomobile.

Un nom **propre** commence par une lettre majuscule.

Ex.: **A**nnie **T**remblay, la ville de **M**ontréal, la rue **N**otre-**D**ame.

Lecture

- **Nos** amis **nous** ont envoyé une carte postale.
- Ils sont très heureux de leur voyage.
- Ils visitent des musées mais aussi de beaux jardins.
- Une fois, ils ont même aperçu des canards sauvages.

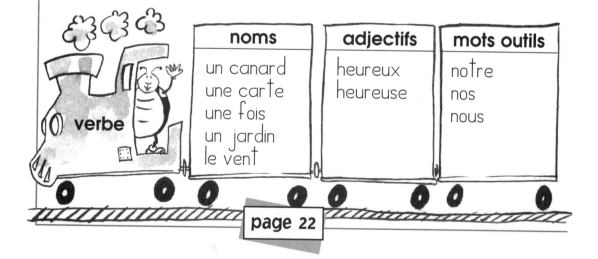

noms	adjectifs	mots outils
un canard	heureux	notre
une carte	heureuse	nos
une fois		nous
un jardin		
le vent		

verbe

1 Écris les noms soulignés dans le bon sourire.

Tante Lise a perdu son soulier dans le parc Lafontaine.

Noms communs	Noms propres

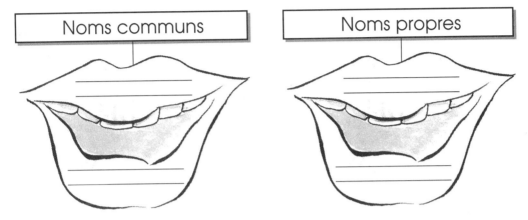

2 Mollo et ses amis ont tous perdu quelque chose. Écris les formes du verbe *chercher*.

Je _____ mon ballon.

Ils _____ leur flûte à bec.

Elle _____ son sac d'école.

3 Complète les mots et relie ceux qui sont pareils.

carte	fois	tu	cherches	vent	heureux
canard	heureuse	ils ont cherché	jardin	nous

h _ _ _ _ _ _ e   _ _ _ _ _ d

_ u _ _ er _ _ e _   n _ _ _

_ _ _ _ _ in   c _ _ _ _

_ _ _ _ _ _ x   _ _ n _

i _ _ o _ _ ch _ _ _ _ _   _ _ i _

Je **demande**
Tu **demandes**

L'action du verbe **demander**

(Aujourd'hui)

Il **demande**
Elle **demande**

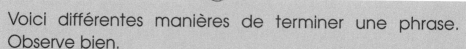

Je **demande**
de l'aide.

(Hier)

J'**ai demandé**
Tu **as demandé**
Il, elle **a demandé**
Ils, elles **ont demandé**

Ils **demandent**
Elles **demandent**

Voici différentes manières de terminer une phrase. Observe bien.

Simon est malade. (Avec un <u>point</u> : je déclare quelque chose.)

Simon est-il malade **?** (Avec un <u>point d'interrogation</u> : je pose une question.)

Comme il a l'air malade **!** (Avec un <u>point d'exclamation</u> : je m'exclame fortement.)

Lecture

- J'aime **quand** nous allons chez grand-maman le dimanche.

- Je sais à **qui** téléphoner **quand** je suis seul le samedi.

- Mon père se demande **comment** ouvrir ce sac de café.

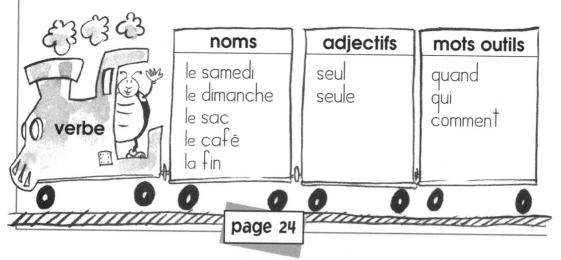

noms	adjectifs	mots outils
le samedi	seul	quand
le dimanche	seule	qui
le sac		comment
le café		
la fin		

verbe

1 Compte le nombre de phrases après avoir mis les lettres majuscules et les points nécessaires.

je mange des carottes maman équeute les fraises aimes-tu le melon

Je compte _____ phrases.

2 Ajoute le bon pronom aux verbes et colorie de la couleur demandée.

En rouge si c'est **j'**   En jaune si c'est **tu**
En vert si c'est **il** ou **elle**   En rose si c'est **ils** ou **elles**

3 Retrouve les mots de vocabulaire de Mollo. Il a mêlé toutes ses lettres.

asc : _____   aceidnhm : _____

etmocmn : _____   iqu : _____

ueles : _____   nfi : _____

iemsda : _____   unaqd : _____

menadedr : _____   éfca : _____

Je **monte**
Tu **montes**

(Aujourd'hui)

Je **monte**
l'escalier.

L'action du verbe **monter**

Il **monte**
Elle **monte**

(Hier)

J'**ai monté**
Tu **as monté**
Il, elle **a monté**
Ils, elles **ont monté**

Ils **montent**
Elles **montent**

Devant les lettres **m**, **b** et **p**, je remplace le **n** par un **m** (sauf *bonbon*).

Les sons **an, en, in, on** s'écrivent alors **am, em, im, om**. Observe bien:

cha**n**son   **en**fant

cha**mb**re   **emm**ener

index   **on**cle

important   **om**bre

Lecture

- J'aime faire des marches dans la douce campagne.
- Je monte à toutes jambes dans un petit sentier.
- Mes souliers neufs font couic, couic quand je marche à pas de loup.
- Pour **votre** santé, vous devriez marcher, **vous** aussi.

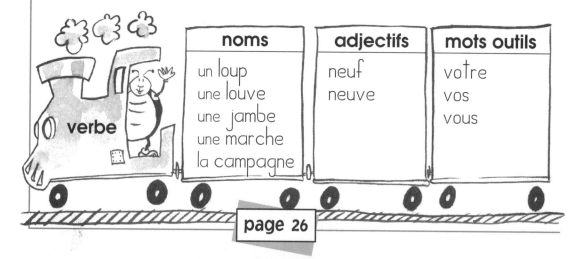

noms	adjectifs	mots outils
un loup	neuf	votre
une louve	neuve	vos
une jambe		vous
une marche		
la campagne		

verbe

1 Complète les mots en choisissant parmi les lettres suivantes : *an, en, in, on* ou *am, em, im, om.*

c ___ tent   ___ possible   b ___ be   ___ porter

s ___ ge   p ___ che   p ___ talon   sept ___ bre

j ___ be   ch ___ pignon   b ___ bon   m ___ ton

2 Écris le verbe *monter* dans les phrases suivantes.

Aujourd'hui,	Hier,
Je _____ l'escalier.	J' _____ l'escalier.
Tu _____ le sentier.	Tu _____ le sentier.
Il _____ l'échelle.	Elle _____ l'échelle.
Elles _____ à cheval.	Ils _____ à cheval.

3 Mots entrecroisés

Place ces mots aux bons endroits dans la grille.

campagne   jambe   louve   votre   neuve
marche   fin   neuf   loup

Leçon

Je **dors**
Tu **dors**

L'action du verbe **dormir**

Il **dort**
Elle **dort**

(Aujourd'hui)
Je **dors** calmement.

(Hier)
J'**ai dormi**
Tu **as dormi**
Il, elle **a dormi**
Ils, elles **ont dormi**

Ils **dorment**
Elles **dorment**

Le son **ch** ne se prononce pas toujours comme dans *chat* ou *chapeau*.
Quelquefois le son **ch** se prononce **k** comme dans *chœur, chorale, écho, Christiane.*

Lecture

- Quelle joie, papa m'emmène au zoo mercredi matin !
- **Chaque** animal dort paisiblement en attendant le repas.
- Le couguar veut jouer. Il s'excite et court **vite**.
- Le soir, je m'endors tout joyeux et je rêve que je deviens gardien de tous les animaux du zoo.

noms	adjectifs	mots outils
le matin	joyeux	chaque
le soir	joyeuse	vite
le mercredi		
le jeudi		
la joie		

verbe

1 Colorie les mots dont le son *ch = k*.

château   orchestre   vache

chronomètre   chocolat   chorale

2 Mollo doit écrire le verbe *dormir* pour son devoir. Aide-le parce qu'il a trop sommeil.

Aujourd'hui,

je _____,   tu _____,

elle _____,   ils _____.

Hier,

j' _____,   tu _____,

il _____,   elles _____.

3 Écris les mots suivants en te fiant aux lettres déjà inscrites.

> tu dors   matin   chaque   joyeux   vite   joie
> dormir   mercredi   jeudi   soir   il dort   joyeuse

j ⎯ ⎯ ⎯ ⎯ ⎯   j ⎯ ⎯ ⎯ ⎯

d ⎯ ⎯ ⎯ ⎯ r   ⎯ ⎯ y ⎯ ⎯ ⎯ ⎯

⎯ u dor ⎯   v ⎯ ⎯ ⎯

⎯ ⎯ ⎯ r   ⎯ ⎯ ⎯ e

ma ⎯ ⎯ ⎯   i ⎯ dor ⎯

⎯ ⎯ ⎯ cr ⎯ ⎯ ⎯   ⎯ ⎯ ⎯ que

Leçon

Je **finis**
Tu **finis**

Il **finit**
Elle **finit**

Ils **finissent**
Elles **finissent**

(Aujourd'hui)

Je **finis** mon devoir.

L'action du verbe **finir**

(Hier)
J'**ai fini**
Tu **as fini**
Il, elle **a fini**
Ils, elles **ont fini**

c et g	
son doux : avec **e** et **i** Ex. : cerise, cinéma, genou, girafe.	son dur : avec **a**, **o** et **u** Ex. : cane, colle, cube gare, gorille, légume.

S'ils veulent être doux devant **a**, **o** et **u**, le **c** et le **g** doivent ajouter quelque chose. Ex. : fa**ç**ade, gar**ç**on, aper**ç**u, orang**e**ade, chang**e**ons (une cédille sous le **c** et un **e** après le **g**).

Lecture

- «Ouvrez votre livre à la page douze», dit notre professeur.

- **Comme** leçon, nous devons étudier onze mots.

- La chose **que** j'aime le plus, c'est quand papa vérifie mes mots.

noms	adjectifs	mots outils
un coup une leçon un livre une chose une page	onze douze	que comme

verbe

1 Classe les mots suivants à l'endroit approprié dans le tableau.

douce figure leçon canard
page classe orangeade gâteau

c dur	c doux	g dur	g doux

2 Choisis le bon pronom correspondant aux verbes des phrases suivantes.

J'   Je   Tu   Il   Elles

_____ finit son devoir.   _____ as fini de jouer.

_____ ont fini de manger.   _____ ai fini de parler.

_____ finis d'étudier.   _____ finissent leur travail.

_____ a fini l'exercice.

3 Sers-toi des mots de vocabulaire de la leçon pour répondre aux devinettes de Mollo.

a) Nous sommes des nombres : _____ et

_____ .

b) Je suis une syllabe de *chaque* : _____ .

c) Nous commençons par la même lettre :

_____ , _____ et _____

_____ .

d) On me trouve partout mais surtout à la bibliothèque :

_____

_____ .

J'**ouvre**
Tu **ouvres**

Il **ouvre**
Elle **ouvre**

(Aujourd'hui)

J'**ouvre** mon cadeau.

L'action du verbe **ouvrir**

(Hier)

J'**ai ouvert**
Tu **as ouvert**
Il, elle **a ouvert**
Ils, elles ont ouvert

Ils ouvrent
Elles ouvrent

Les sons ill et ail

| Si j'entends le son **ill** à la fin d'un mot, je dois lui ajouter un **e**. Ex.: une fam**ille**. Le son **ill** est parfois à l'intérieur d'un mot. Ex.: un pap**ill**on bri**ll**ant. | **Ail** ou **aille** ? Au masculin : **un** trav**ail**, **un** chand**ail**. Au féminin : **une** bat**aille**, **une** p**aille**. |

Lecture

- Mon oncle porte toujours des bas gris.
- Nous sommes cinq membres dans notre famille.
- **Voici** aussi ma chienne Pistache et mon chat Cachou.
- **Puis**, **voici** mon poisson Grigri.
- Ses écailles ont l'air d'une peau de couleur grise.

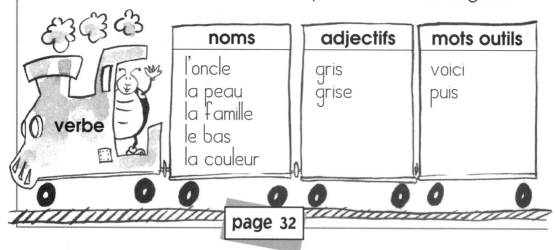

verbe

noms	adjectifs	mots outils
l'oncle	gris	voici
la peau	grise	puis
la famille		
le bas		
la couleur		

1 Complète ces mots avec le son *ill, ille, ail* ou *aille* qui convient.

une b _____   une chen _____

un chand _____   une méd _____

une m _____   un pap _____ on

un évent _____

2 Compose quatre phrases en prenant un élément de chaque boîte.

Maman	ai ouvert	la porte
Tu	ouvre	un cadeau
J'	ouvres	ce livre
J'	ouvre	la boîte

_____

_____

_____

_____

_____

_____

3 Écris ces mots de vocabulaire dans l'ordre alphabétique.

| oncle   gris   voici   couleur   bas   famille   grise   puis |

1. _____   5. _____

2. _____   6. _____

3. _____   7. _____

4. _____   8. _____

Leçon

Je **fais**
Tu **fais**

Il **fait**
Elle **fait**

Ils **font**
Elles **font**

(Aujourd'hui)
Je **fais**
un cadeau.

L'action du verbe **faire**

(Hier)
J'**ai fait**
Tu as fait
Il, elle a fait
Ils, elles ont fait

Je sais qu'une phrase est négative si elle veut dire non et qu'elle signifie le contraire. Elle doit alors toujours contenir les <u>deux</u> mots **ne pas** ou **ne jamais**. Quelquefois, **ne** s'écrit **n'**.

Oui	Non
Je veux.	Je **ne** veux **pas**.
Le train fonctionne.	Le train **ne** fonctionne **jamais**.

Lecture

- Personne ne fait de belles figures comme ce skieur.
- Téléphone-moi **entre** treize et quinze heures.
- Les bananes **n'**ont **jamais** poussé dans des pays froids.
- Je prends ma doudou sur mon lit lorsque je suis triste.

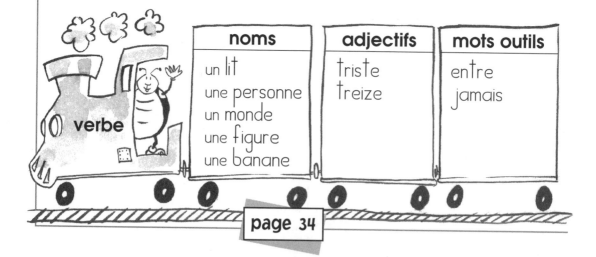

noms	adjectifs	mots outils
un lit	triste	entre
une personne	treize	jamais
un monde		
une figure		
une banane		

verbe

1 Encercle les phrases négatives.

Je suis en classe.

Mollo n'a pas faim.

Nous ne sommes pas partis.

Lucie promène son chien.

2 Choisis les formes du verbe *faire* qui conviennent pour composer les phrases que tu veux.

fait   fais   font   ai fait

Je _____ du vélo.

Tu _____ un gâteau.

Maman _____ du canot.

J' _____ peur aux oiseaux.

Mes parents _____ une promenade.

3 Assemble ces syllabes pour compléter les mots de la leçon.

| tris | son | fi | ne | mon | de | ne | per | re | na |

| te | ba | trei | en | tre | mais | ja | gu | ze |

Leçon

Je **lis**
Tu **lis**

Il **lit**
Elle **lit**

Ils lisent
Elles lisent

(Aujourd'hui)
Je **lis**
un roman.

L'action du verbe **lire**

(Hier)
J'**ai lu**
Tu **as lu**
Il, elle **a lu**
Ils, elles ont lu

Eil, euil, ouil =	**Eille, euille, ouille =**
masculin	féminin
Ex .: le sol**eil**	Ex.: la merv**eille**
un faut**euil**	une f**euille**
du fen**ouil**	une gren**ouille**

Lecture

- Mollo ramasse des feuilles sur le chemin qui mène à la vieille grange.
- Nous avons eu un mélange de pluie et de neige.
- **Ici aussi**, il y a eu beaucoup de mauvais temps.
- Heureusement, le soleil n'était pas loin.

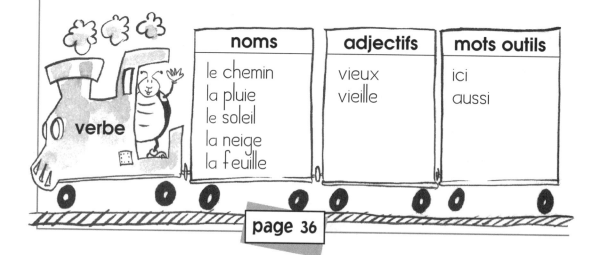

noms	**adjectifs**	**mots outils**
le chemin	vieux	ici
la pluie	vieille	aussi
le soleil		
la neige		
la feuille		

verbe

1 Place les mots suivants dans la bonne affiche en écrivant *un*, *une*, *le*, *la* ou *du* devant.

écureuil   merveille   grenouille   soleil   feuille   fenouil

masculin   féminin

2 Complète les phrases suivantes avec ces formes du verbe *lire* : *lis*, *ai lu*, *as lu*, *lit*, *a lu*.

C'est drôle parce que pendant que je _____ une bande

dessinée, tu _____ un roman policier et Jonathan _____

des poèmes. Hier, c'était le contraire. J' _____ _____ des

poèmes, tu _____ _____ une bande dessinée et Jonathan

_____ _____ un roman policier.

3 Mollo a mal étudié ses mots de vocabulaire. Aide-le en écrivant chaque mot de la bonne manière.

chermmin _____   veille _____

plui _____   auci _____

vieu _____   issi _____

soleille _____   feille _____

Leçon 15

Je **dois**
Tu **dois**

Il **doit**
Elle **doit**

Ils doivent
Elles doivent

L'action du verbe **devoir**

(Aujourd'hui)

Je **dois**
travailler.

(Hier)

J'ai dû
Tu as dû
Il, elle a dû
Ils, elles ont dû

Attention : n'inverse pas ces lettres. Elles ont des sons différents.

Observe bien : **vian**de $\begin{Bmatrix} ian & ain \\ ien & ein \\ ion & oin \end{Bmatrix}$ **main**

bien peintre

lion foin

Lecture

- Un élève appliqué fait bien sa lecture et son devoir.
- Je n'avais **rien** à donner à ce pauvre homme sauf un petit morceau de pain.
- J'ai fait un montage avec quatorze images différentes.
- Le chien court **loin** devant son maître.

noms	adjectifs	mots outils
un élève	pauvre	loin
un devoir	quatorze	rien
une image		
un pain		
une lecture		

verbe

1 Classe ces mots dans la bonne affiche.

| champion ceinture triangle loin refrain rien |

ian ien ion
_____
_____
_____
_____
_____

ain ein oin
_____
_____
_____
_____
_____
_____

2 Écris les formes du verbe *devoir*: *dois, doit*.

Je _____ faire mes devoirs avec application.

Tu _____ faire attention en marchant.

Maman _____ me demander mes leçons.

3 Mollo a écrit les lettres de ses mots dans l'ordre inverse. Replace-les à l'endroit.

rioved : _____

siod ej : _____

ezrotauq : _____

ervuap : _____

siod ut : _____

niol : _____

neir : _____

tiod li : _____

egami : _____

niap : _____

Oh la la! Qu'est-ce qui peut bien se cacher dans la tente de Mollo ?

e	t	e	o	l	e	u	e	l	t
①	②	③	④	⑤	⑥	⑦	⑧	⑨	⑩

| ⑦ | ⑪ | ③ | | ⑰ | ① | ⑮ | ⑩ | ⑫ | ⑤ | ⑨ | ⑬ |

| ⑲ | ④ | ⑳ | ⑭ | ⑯ | ⑧ | ② | ⑱ | ⑥ |

n	i	e	f	n	f	g	t	m	u
11	12	13	14	15	16	17	18	19	20

Leçon

Je **peux**
Tu **peux**

Il **peut**
Elle **peut**

Ils peuvent
Elles peuvent

(Aujourd'hui)
Je **peux** y aller.

L'action du verbe **pouvoir**

(Hier)
J'ai pu
Tu as pu
Il, elle a pu
Ils, elles ont pu

Masculin ou féminin ? Observe bien.

un bras	un = masculin	un**e** bouche	une = féminin
un menton		un**e** jambe	
un cou		un**e** main	

*On ajoute parfois un **e** pour écrire un mot au féminin.*
Ex. : un grand ami   un cousin poli

↓   ↓   ↓   ↓   ↓   ↓

*un**e** grand**e** ami**e**   un**e** cousin**e** poli**e***

Lecture

- Mon ami dessine **tout** doucement sur un papier doré.
- Je peux jouer à ce jeu de la marelle **toute** la journée.
- Mon amie Sophie a dit merci au moniteur.

verbe	**noms**	**adjectifs**	**mots outils**
	l'ami	doré	tout
	l'amie	dorée	toute
	le jeu		
	le papier		
	un merci		

1 Écris les mots sur le tableau qui convient.

ami   fleur   arbre   étudiante   amie   étudiant

masculin

un _____
_____
_____
_____

féminin

une _____
_____
_____
_____

2 Écris les formes du verbe *pouvoir*: *peux, peut*.

Tu _____ jouer du violon.

Grand-papa _____ faire

des pirouettes.

Je _____ chanter

l'opéra.

3 Écris les mots de la leçon dans les phrases suivantes.

Mon _____ Marianne et mon _____

Marco sont venus jouer chez moi aujourd'hui. Nous

avons dessiné _____ doucement sur du

_____ _____. Je peux dire que ce

_____ nous a bien amusés _____ la

journée.

Je **veux**
Tu **veux**

Il **veut**
Elle **veut**

 (Aujourd'hui)

Je **veux** apprendre.

L'action du verbe **vouloir**

(Hier)
J'ai voulu
Tu as voulu
Il, elle a voulu
Ils, elles ont voulu

Ils veulent
Elles veulent

Singulier ou pluriel ? Observe bien.

un ami	les ami**s**
la cousine	les cousine**s**
son frère	ses frère**s**
une tante	deux tante**s**

Singulier : il n'y en a qu'un.

Pluriel : **s** il y en a plusieurs.

J'ajoute un **s** aux mots pour dire qu'il y en a plusieurs.
C'est la règle générale du pluriel.

Lecture

- Grand-papa écoute **souvent** de la douce musique.
- Ma ville est construite en pleine nature au pied d'une montagne.
- Je dois chercher quinze ou seize mots pour mon devoir.
- Mon cousin veut jouer avec moi **tous** les jours.

noms	adjectifs	mots outils
un mot	quinze	tous
une musique	seize	souvent
une ville		
une montagne		
la nature		

verbe

1 **Écris les mots suivants au pluriel.**

un mot magique :   des _____ _____

la joyeuse musique :   les _____ _____

une ville peuplée :   des _____ _____

la montagne élevée :   les _____ _____

2 **Écris les formes du verbe *vouloir* : *veux, veut*.**

Tu _____ faire du vélo avec Mollo ?

Tante Suzie _____ ramasser des

fraises des champs.

Je _____ aller au zoo.

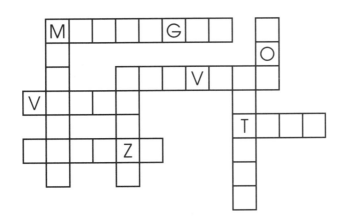

3 **Mots entrecroisés**
   Place chaque mot au bon endroit dans la grille.

| mot   musique   ville   nature   quinze |
| tous   seize   montagne   souvent |

Leçon

Je **vais**
Tu **vas**

Il **va**
Elle **va**

Ils **vont**
Elles **vont**

(Aujourd'hui)
Je **vais**
au concert.

L'action du verbe **aller**

(Hier)
Je **suis allé**
Je **suis allée**

S'ils sont au pluriel, certains mots prennent un **x** au lieu d'un **s**. Observe bien.

un animal	**un seul**	**plusieurs**	des animau**x**
le cheval			les chevau**x**
un hibou			deux hibou**x**

Lecture

- J'ai trois animaux : un chien, un hamster et un oiseau.
- J'aimerais avoir un cheval mais maman ne veut pas.
- Je vais voir le feu de camp **près** de la route du phare.
- Impossible de faire du violet **sans** du bleu et du rouge.

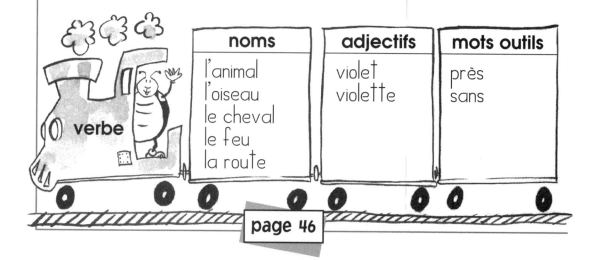

noms	adjectifs	mots outils
l'animal	violet	près
l'oiseau	violette	sans
le cheval		
le feu		
la route		

verbe

1 Parmi les mots suivants, choisis et écris ceux qui sont au pluriel.

cousine routes animaux lapin chevaux légume fruits

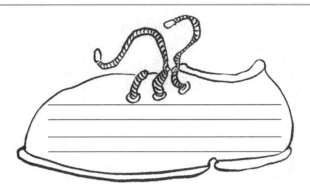

2 Choisis ces formes du verbe *aller* pour compléter les phrases suivantes : *vais, vas, va* et *vont.*

Luc _____ au cinéma. Tu _____ à

bicyclette. Mes parents _____ au centre

commercial. Je _____ à mon cours de judo.

3 Qui a écrit ce message, Karine ou Patrick ?

Allô, maman, je suis allée au parc avec papa. _____

4 Écris ces mots de vocabulaire dans l'ordre alphabétique.

près animal route aller sans cheval violet oiseau

1. _____   5. _____

2. _____   6. _____

3. _____   7. _____

4. _____   8. _____

Je **m'amuse**
Tu **t'amuses**

(Aujourd'hui)

Je **m'amuse**.

L'action du verbe **s'amuser**

(Hier)

Je **me suis amusé**
Tu **t'es amusé**
Il **s'est amusé**
Elle **s'est amusée**
Ils **se sont amusés**
Elles **se sont amusées**

Il **s'amuse**
Elle **s'amuse**

Ils **s'amusent**
Elles **s'amusent**

Le son **eu** peut s'écrire aussi **oeu** comme dans *noeud* et *boeuf*.

Lecture

- Un roi avait un coeur en forme de patate.
- **Il** mangeait souvent des oeufs et des légumes.
- Ses amis le trouvaient tellement amusant !
- **Ils** ont décidé de vivre au château avec lui.

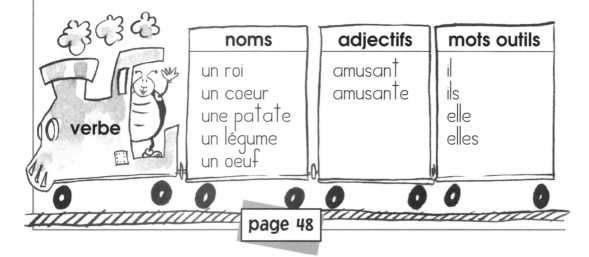

verbe	noms	adjectifs	mots outils
	un roi	amusant	il
	un coeur	amusante	ils
	une patate		elle
	un légume		elles
	un oeuf		

1 **Écris les mots suivants au pluriel.**

un coeur : des _____   le boeuf : les _____

l'oeuf :   les _____   ce noeud : ces _____

2 **Relie par une flèche le verbe qui convient à chaque sujet de la 1re colonne.**

Je   t'es amusé

Frédéric   se sont amusées

Mes tantes   s'est amusée

Tu   s'amuse

Marie   m'amuse

3 **Écris les mots suivants en te fiant aux lettres déjà inscrites.**

| coeur patate amusant elle légume oeuf ils roi |

_ o _   _ m _ _ _ n _

_ l _   _ o _ _ _

_ l _ _   _ _ _ u _ _

_ _ u _

_ _ t _ _ _

Je **deviens**
Tu **deviens**

(Aujourd'hui)

Je **deviens** sage.

L'action du verbe **devenir**

Il **devient**
Elle **devient**

(Hier)
Je **suis devenu**
Tu **es devenu**
Il **est devenu**
Elle **est devenue**

Ils deviennent
Elles deviennent

Pour mettre un verbe au pluriel, je n'ajoute pas un **s** ou un **x** comme aux autres mots.

Si plusieurs personnes font une action, j'ajoute **ent** ou **ont** au verbe. Observe bien.

Une personne fait l'action	Plusieurs personnes font l'action
Le bébé trottine.	Les bébés trottin**ent**.
L'enfant s'amuse.	Les enfants s'amus**ent**.
Lucie va en voyage.	Lucie et Marc v**ont** en voyage.

Lecture

• Le nez du monstre paraît plus gros que son visage.

• Il vit dans un pays où il fait toujours nuit.

• Il n'est pas content lorsqu'il égare sa paire de bottes.

• **Voilà**, j'ai **toujours** eu beaucoup d'imagination.

verbe	noms	adjectifs	mots outils
	la nuit	content	voilà
	le nez	contente	toujours
	le pays		
	le visage		
	la paire		

1 **Tous les mots soulignés sont au pluriel. Écris-les sur la bonne feuille.**

Les <u>nuits</u> <u>deviennent</u> plus froides. Les <u>yeux</u> <u>observent</u> et les <u>visages</u> <u>font</u> des grimaces.

Noms

Verbes

2 **Complète les phrases avec les formes du verbe devenir : *est devenue, devient, est devenu*.**

Hier, Julie _____ membre du groupe.

François _____ membre.

Maintenant, c'est mon frère qui _____ membre.

3 **Mollo a écrit les lettres de ses mots dans l'ordre inverse. Replace-les à l'endroit.**

egasiv : _____

sruojuot : _____

àliov : _____

syap : _____

etnetnoc : _____

eriap : _____

zen : _____

tiun : _____

Dictée 1

Écris les mots que papa ou maman te dictera.

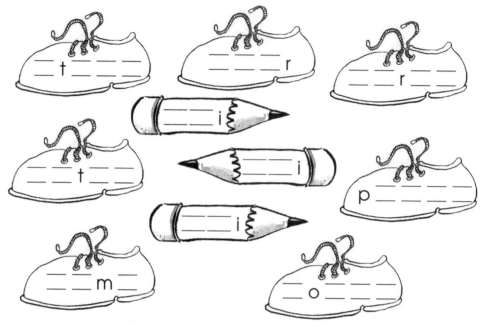

_ t _ _ _ _   _ _ _ r _ _   _ _ _ r _ _

_ _ _ _ i _ _

_ t _ _ _   _ _ _ _ i _

p _ _ _ _

_ _ i _

_ _ _ m _ _   _ o _ _ _ _

Dictée 2

Ce bâton _____ _____ très _____
_____ jouer au hockey.

Une _____ _____ un _____
_____ dans ____ _____ l' _____.

Viens- _____ à la bibliothèque _____ _____?

J'ai terminé _____ livre, je veux en prendre un
_____.

Mollo, _____ _____ un petit espiègle ; redonne- _____
sa _____!

Dictée 1

Écris les mots que papa ou maman te dictera.

un pantalon _____

une jupe _____

le _____ âge

la _____ _____

le _____ de l' _____

l' _____ pur

Dictée 2

L' _____ et l' _____ sont purs.

_____ chaud.

J'aime faire _____ .

_____ le _____ âge.

_____ froid. _____ peur.

Elle _____ _____ .

La _____ est basse.

Dictée 1

Écris les mots que papa ou maman te dictera.

l' _____ _____

_____ _____ émouvante

_____ _____ majuscule

____ _____ ____ métal

____ _____ ____ l' ____

Dictée 2

Grand-maman m'écrit _____ belle _____.

_____ me raconte une _____ ____

____ jeunesse. J' ____ _____ dans une

chorale avec ____ soeur. _____ quand il faisait

très _____, nous partions avec ____ vieille

_____ de _____. C'est _____ l'église

que _____ rencontré ton grand-père. ____ ____

chanté avec _____. J'espère que ____

_____ ____ aussi ma chérie !

Dictée 1

Écris les mots que papa ou maman te dictera.

⎯ ⎯ a ⎯ ⎯ ⎯ ⎯ é   d ⎯ ⎯ ⎯ ⎯ ⎯ ⎯

i ⎯ ⎯ o ⎯ ⎯ d ⎯ ⎯ ⎯ é   ⎯ r ⎯ ⎯ ⎯ ⎯

e ⎯ ⎯ ⎯ ⎯ ⎯ e   t ⎯ a ⎯ ⎯ ⎯ nn ⎯

p ⎯ ⎯ è ⎯ ⎯   ⎯ ⎯ ⎯ x ⎯ ⎯ ⎯ ⎯

⎯ ⎯ ⎯ z   e ⎯ ⎯ ⎯ ⎯ ⎯ t

Dictée 2

C'est ⎯⎯⎯ ⎯⎯⎯⎯⎯ fois que ⎯⎯⎯ vais ⎯⎯⎯

⎯⎯⎯⎯ ⎯⎯⎯⎯ ⎯⎯⎯ marraine. ⎯⎯⎯ pris ⎯⎯⎯

⎯⎯⎯⎯⎯ wagon près ⎯⎯⎯ restaurant. C'est

⎯⎯⎯⎯ ⎯⎯⎯⎯⎯⎯⎯ amusant ⎯⎯⎯⎯ ⎯⎯⎯

⎯⎯⎯⎯⎯. ⎯⎯⎯⎯⎯ prendre ⎯⎯⎯

⎯⎯⎯⎯ !

Dictées

Dictée 1

Écoute bien les mots que papa ou maman te dictera. Il manque des lettres ou des syllabes que tu dois écrire.

dou ＿＿＿   ＿＿＿ fin   elles jou ＿＿＿

＿＿＿ re   mar ＿＿＿   tu jou ＿＿＿

jour ＿＿＿   tu ＿＿＿ jou ＿＿＿   vi ＿＿＿

Dictée 2

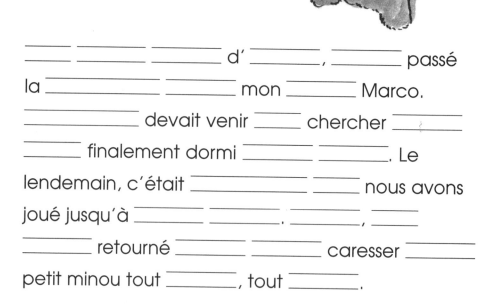

＿＿＿ ＿＿＿ ＿＿＿ d' ＿＿＿, ＿＿＿ passé

la ＿＿＿ ＿＿＿ mon ＿＿＿ Marco.

＿＿＿ devait venir ＿＿＿ chercher ＿＿＿

＿＿＿ finalement dormi ＿＿＿ ＿＿＿. Le

lendemain, c'était ＿＿＿ ＿＿＿ nous avons

joué jusqu'à ＿＿＿ ＿＿＿. ＿＿＿, ＿＿＿

＿＿＿ retourné ＿＿＿ ＿＿＿ caresser ＿＿＿

petit minou tout ＿＿＿, tout ＿＿＿.

Dictée 1

Écoute bien les mots que papa ou maman te dictera. Écris celui des deux qui convient.

Je range mon _____ dans le garage.

Je vais à l'école cinq jours

par _____ .

Il y a vingt-quatre enfants dans

ma _____ .

Le _____ est un jour d'école.

Le ciel est presque toujours _____ .

Dictée 2

_____ __ __ cinq jours _____ _____ _____

_____ _____ . _____ premier _____ _____

_____ _____ et le _____ est le

_____ . _____ , je prends mon

_____ _____ pour aller à l'école. _____ fais

souvent _____ courses _____ _____ amie

Suzie. _____ on rit beaucoup _____ buvant

_____ limonade. _____ aussi _____ une

bicyclette _____ .

Dictée 1

Écoute bien les mots que papa ou maman te dictera. Il manque des lettres ou des syllabes que tu dois écrire.

n __ s   v __ __ __

n __ __ s   ils __ __ er __ __ __ __ __ __

ca __ __ __ __   jar __ __ __

je ch __ __ ch __   __ eur __ __ __ __

un __ f __ __ __   elles __ __ __

h __ __ r __ __ __   c __ __ __ __ __ __

n __ __ __ __   __ __ __ te

Dictée 2

_____ amis _____ très _____ de leur

voyage. _____ _____ _____ longtemps

_____ trouver _____ _____ botanique _____

l'endroit. Ils _____ ont envoyé _____ _____

postale _____ laquelle il y avait _____ étrange

_____ _____. _____ _____ , par une

_____ de grand _____ , ils ont _____

aperçu un _____ sauvage.

Dictée 1

Les mots de la dictée sont groupés par deux parce qu'ils commencent par la même lettre. Écoute-les bien pour savoir où les écrire.

c _____

c _____

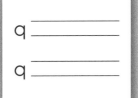

s _____

s _____

q _____

q _____

s _____

s _____

d _____

d _____

Dictée 2

Chère grand-maman,

Je _____ _____ aujourd'hui _____ je t'écris _____

petite lettre. _____ _____ _____ allons manger

_____ _____ le _____ ou le _____.

Quand _____ prends le _____ avec papa et

maman, je _____ à manger à _____ chat

Pinotte. Tu sais, _____ _____ Thierry _____ est

_____ ma _____ ? _____ _ perdu _____

dent hier.

À bientôt, grand-maman

Dictée 1

Place les mots dictés dans cet entrecroisé.

Dictée 2

_____ fais _____ _____ à la _____.

Je _____ un sentier. J'échappe _____ _____

chapeau _____ dans l'eau du ruisseau. _____

un peu mal à _____ _____ et je m'arrête.

J'entends : « Houououou, houououou ! » Je vois un

_____ et une _____ _____ veulent

s'approcher de moi. _____ peur !

« Mollo, éteins la télévision et viens manger ! »

Dictée 1

Écoute bien les mots que papa ou maman te dictera. Il manque des lettres ou des syllabes que tu dois écrire.

‾ u d ‾ ‾ ‾ ‾   i ‾ ‾ or ‾

j ‾ ‾ ‾ ‾ ‾   ‾ ‾ ‾ cr ‾ ‾ ‾

‾ ‾ ‾ ‾ ‾ ‾ r   j ‾ ‾ ‾ ‾

‾ ‾ ‾ r   ‾ ‾ y ‾ ‾ ‾ ‾

ma ‾ ‾ ‾   v ‾ ‾ ‾

‾ ‾ ‾ que   ‾ ‾ ‾ e

Dictée 2

_____ m'arrive toujours _____ drôles d'aven-

tures _____ _____ _____ _____

promène _____ _____ _____ monsieur

Levasseur. Il _____ tout _____

_____ il court _____. _____ ,

_____ échappé _____ laisse _____ il ‾ poursuivi

_____ écureuil. J'ai couru longtemps _____ _____

_____ rattraper. Le _____, j'étais épuisé. Je me

_____ _____ ce qu'il me réserve _____

prochain !

Dictée 1

Donne cette dictée à papa et à maman. Tu vérifieras ensuite s'ils ont bien écrit tous les mots.

Je finis de lire un livre avec maman.

J'ai aimé la page onze.

Papa me demande la leçon douze.

Comme moi, il est bien content.

Je te donne une chose que j'aime.

Dictée 2

Je ne sais pas si Mollo t'a joué un tour mais écoute bien la dictée suivante.

_____

_____

_____

_____

_____

_____

_____

_____

Dictée 1

Écoute bien les mots que papa ou maman te dictera. Il manque des lettres ou des syllabes que tu dois écrire.

il a ou _____   tu o __ vr _____

on _____   c _____

g _____   __ a __

j'o __ vr _____   f _____

v _____   p _____

ou _____   p _____

Dictée 2

_____ _____ Robert _____ très gentil. _____ arrive _____ _____ ____ _____ la porte. ____ me _____ une boîte. « Veux-tu l' _____ ? _____ Gustave, ____ nouvel _____ de la _____. » ____ __ _____ un _____ _____ de _____ _____. _____ l'a mis _____ mes _____ et _____ senti ma _____ toute _____ à son contact. _____ ____ m'a dit de _____ à mes parents ____ ____ pouvais le garder. ____ _____ qu' _____ le savaient déjà !

Dictées

13

Dictée 1

Dictée de mots

_____ _____ _____
_____ _____ _____

_____ _____ _____
_____ _____ _____

_____ _____ _____
_____ _____ _____

Dictée 2

_____ _____ ouistiti est _____ au _____.
_____ n'___ _____ _____ avec _____
jouer. Il _____ toujours _____ grands sauts _____
son _____ _____ la rivière. _____ _____ zèbre
passe _____. Quelle _____ _____
_____ __, ce ouistiti ! « _____ _____ _____ un
sourire, _____ te _____ _____
_____. » Il ___ _____ ri _____ maintenant
_____ _____ amis.

Dictée 1

Dictée de mots

_____ , _____ , _____

_____ _____ _____

_____ _____ _____

_____ _____ _____

Dictée 2

_____ _____ _____ dort _____ _____

banc. Le vent, mêlé de _____ et de _____, fait

tourbillonner les _____. J'avance un _____

_____ sur le _____. J'aperçois _____ le

_____ qui essaie timidement _____ sortir.

«Hé, _____, réveillez-vous, _____ _____

trop _____!» «Lève-_____, Stéphanie, _____

_____ temps d'aller ___ _____!»

Dictées

Dictée 1

La première et la dernière lettre de chaque mot te diront où écrire les mots que papa ou maman te dictera.

q _____ e   p _____ n

p _____ e   l _____ n

d _____ r   r _____ n

i _____ e   j __ _____ s

l _____ e   i __ _____ t

é _____ e   t __ _____ s

Dictée 2

_____ _____ un _____ travaillant _____

aujourd'hui _____ de la difficulté à _____ mon

_____ _____ ma _____. Je ne retiens

_____ et _____ me mets __ dessiner. _____ trace

un _____ , un _____ , un _____

bout de _____ et _____ fleurs étranges.

J'entends _____ mots _____ viennent de

_____ : « _____ _____ , tu t'étais endormi

_____ _____ cahier ! » me dit _____ .

Dictée 1

mon _____ Frédéric

une brioche _____ _____

un _____ amusant

_____, mon _____ Amélie

un _____ _____

Dictée 2

_____ _____ Marco et _____ _____

Marianne _____ venus jouer _____ _____

aujourd'hui. _____ avons fabriqué _____

_____ _____ _____ _____. Je _____

_____ _____ ce _____ _____ a _____

amusés _____ la journée. _____ _____ dit

_____ à _____ _____ partant.

Dictées **16**

17

Dictées

Dictée 1

Place les mots dictés dans cet entrecroisé.

Dictée 2

« À _____ ou _____ ans, me raconte

grand-maman, _____ _____ _____ _____

dimanches _____ mes _____. Nous allions

_____ _____ promener _____ le

mont Royal. _____ _____ de retrouver cette

belle _____ sur la _____ ____

pleine _____. Nous aimions écouter de la

_____, marcher sous _____ _____

____ nourrir ____ écureuils. »

Dictée 1

Dictée de mots

_____   _____   _____
_____   _____   _____

_____   _____   _____

_____   _____

_____   _____
_____   _____
_____

Dictée 2

_____ _____ camp _____ vacances. _____ __
__ beaucoup d' _____. Des _____,
des _____, des _____ et un
_____ _____ parle. Mon _____
préféré _____ Carotte, un _____ _____
brun. Quelquefois, _____ rêve _____ je me
promène _____ ____ _____ la _____. Je
rêve _____ _____ _____ _____ du
_____ de camp __ manger _____ guimauves.

Dictée 1

Écoute bien les mots que te dictera papa ou maman. La première lettre de chacun t'indiquera où les écrire.

r __ __   a __ __ __ __ __ __   o __ __ __

i __ __   c __ __ __ __   p __ __ __ __ __ __

e __ __ __   l __ __ __ __ __

Dictée 2

_____ _____ quand _____ _____ aider

grand-papa à la ferme. _____ ____ _____

_____ _____ le champion _____ ramasser les

_____ et tous les _____ _____.

_____, _____ allons chercher les _____

_____ le poulailler. Quand c'est terminé, _____

jouons aux cartes. Quand _____ a le _____ ____

_____, _____ rit et me taquine. _____ _____ qu'il

sera _____ gagnant.

Dictée 1

Les mots de la dictée sont groupés par deux parce qu'ils commencent par la même lettre. Écoute-les bien pour savoir où les écrire.

v _____   n _____

v _____   n _____

c _____   p _____

c _____   p _____

Dictée 2

La _____ , je _____ parfois de _____ cauche-mars. Je vois des _____ étranges _____ des _____ imaginaires. _____ _____ l'un d'eux _____ regarde _____ sa grosse _____ de lunettes bizarres. Son _____ _____ _____ et son _____ _____ _____ _____ . _____ si _____ un monstre gentil, je _____ _____ _____ _____ je m'éveille.

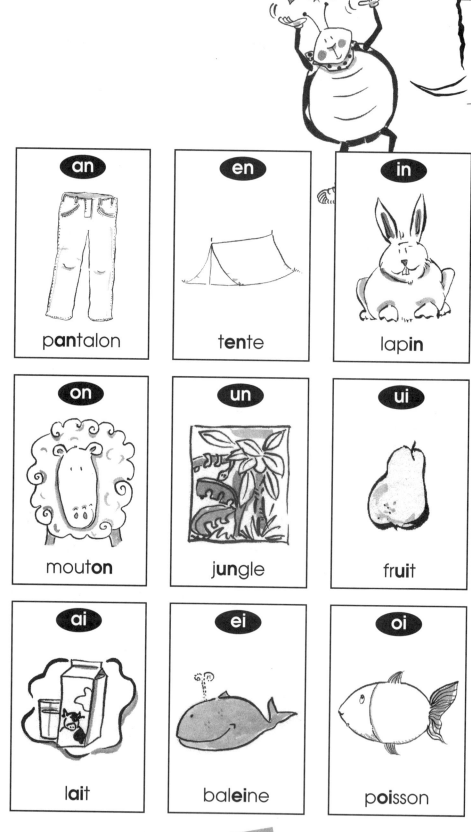

an — p**an**talon

en — t**en**te

in — lap**in**

on — mout**on**

un — j**un**gle

ui — fr**ui**t

ai — l**ai**t

ei — bal**ei**ne

oi — p**oi**sson

ou

hib**ou**

au

auto

eau

chap**eau**

er

pompi**er**

eu

f**eu**

eur

profess**eur**

ch

chaton

gn

champi**gn**on

s = z

mai**s**on

Corrigé

Leçon 1

Exercice 1

1	2	**3**	4	5	**6**	7	8	**9**	10	**11**	12	**13**
a	**b**	c	d	**e**	f	**g**	h	**i**	j	k	**l**	m

14	**15**	16	17	**18**	19	**20**	21	**22**	**23**	24	**25**	26
n	**o**	p	q	**r**	**s**	t	**u**	v	w	**x**	**y**	z

Exercice 2

Je suis content de travailler avec toi.

Exercice 3

J'<u>ai été</u> malade. Elles <u>sont</u> heureuses. Je <u>suis</u> devant toi. Tu <u>es</u> studieux. Elle <u>est</u> la première. Hier, il <u>était</u> à l'école.

Exercice 4

klm, **fgh**, **xyz**, **mno**, **hij**, **stu**, **pqr**, **def**, **vwx**, **abc**.

Exercice 5

Ce bâton <u>large</u> est très <u>utile</u> pour jouer au hockey. Une <u>dame</u> et un <u>homme</u> sont dans la <u>cour</u> de l'école. Viens-<u>tu</u> à la bibliothèque avec <u>moi</u>? J'ai terminé mon <u>livre</u>, je veux en prendre un <u>autre</u>. Mollo, tu es un petit espiègle; redonne-<u>lui</u> sa <u>place</u>!

Exercice 6

Je <u>suis</u> chanceuse. Hier, elle <u>était</u> fatiguée mais aujourd'hui, elle <u>est</u> en pleine forme. Tu <u>es</u> certain qu'il <u>est</u> arrivé le premier? Mes parents sont fiers de moi. Ils <u>sont</u> contents de mon travail.

Exercice 7

Un éléphant.

Dictée 1

utile, **place**, **homme**, **large**, **dame**, **cour**, **autre**, **moi**, **lui**, **toi**.

Dictée 2

Ce bâton <u>large</u> <u>est</u> très <u>utile</u> <u>pour</u> jouer au hockey. Une <u>dame</u> <u>et</u> un <u>homme</u> <u>sont</u> dans <u>la</u> <u>cour</u> <u>de</u> l'<u>école</u>. Viens-<u>tu</u> à la bibliothèque <u>avec</u> <u>moi</u>? J'ai terminé <u>mon</u> livre, je veux en prendre un <u>autre</u>. Mollo, <u>tu</u> <u>es</u> un petit espiègle; redonne-<u>lui</u> sa <u>place</u>!

Leçon 2

Exercice 1

accent aigu: éléphant, réponse; accent grave: frère, lèvre; accent circonflexe: tempête, râteau.

Exercice 2

<u>Ils</u> ou <u>Elles</u> ont peur du loup. J'ai sept ans aujourd'hui même. <u>Il</u> ou <u>Elle</u> a une jolie bicyclette. <u>Il</u> ou <u>Elle</u> avait mal au bras. <u>Tu</u> as froid.

Exercice 3

J'aime faire <u>plaisir</u> à ma mère. Le <u>côté</u> de cette <u>fenêtre</u> est brisé. <u>Même</u> si ce sentier est <u>court</u>, je préfère que tu marches <u>à côté</u> de moi.

Dictée 1

un pantalon <u>court</u>, une jupe <u>courte</u>, le <u>même</u> âge, la <u>fenêtre</u> <u>à côté</u>, le <u>plaisir</u> de l'<u>eau</u>, l'<u>air</u> pur.

Dictée 2

L'<u>eau</u> et l'<u>air</u> sont purs. <u>Il</u> a chaud. J'aime faire <u>plaisir</u>. <u>Tu as</u> le <u>même</u> âge. <u>Il avait</u> froid. J'ai eu peur. Elle <u>est à</u> côté. La <u>fenêtre</u> est basse.

Leçon 3

Exercice 1

phoque, **ph**are, **ph**otographe, **ph**armacienne.

Exercice 2

sc = ss: science, scénario; sc = sk: scarabée, scout.

Exercice 3

Aujourd'hui: Je chante, Tu chantes, Ils chantent; Hier: Tu as chanté, Elle a chanté, Ils ont chanté.

Exercice 4

avant, **en**, **tableau**, **histoire**, **lettre**, **froid**, **devant**, **auto**.

Dictée 1

l'<u>eau</u> <u>froide</u>, <u>une</u> <u>histoire</u> émouvante, <u>une</u> <u>lettre</u> majuscule, <u>un</u> <u>tableau</u> <u>en</u> métal, <u>le</u> <u>devant</u> <u>de</u> l'<u>auto</u>

Dictée 2

Grand-maman m'écrit <u>une</u> belle <u>lettre</u>. <u>Elle</u> me raconte une <u>histoire de</u> <u>sa</u> jeunesse. J'<u>ai</u> <u>chanté</u> dans une chorale avec <u>ma</u> soeur. <u>Même</u> quand il faisait très <u>froid</u>, nous partions avec <u>la</u> vieille <u>auto</u> de <u>papa</u>. C'est <u>devant</u> l'église que <u>j'ai</u> rencontré ton grand-père. <u>Il</u> <u>a</u> chanté avec <u>moi</u>. J'espère que <u>tu</u> <u>chantes</u> <u>toi</u> aussi ma chérie!

Corrigé

Leçon 4

Exercice 1

av**ez**, J'**ai**, béb**é**, bais**er**, **et**.

Exercice 2

Je donne, Tu donnes, elles donnent, il donne.

Exercice 3

dernier, **i**ls **o**nt **d**onné, prière, **ch**e**z**, encore, train, **d**euxième, enfant.

Dictée 1

il a **d**onné, **d**ernier, **i**ls **o**nt **d**onné, train, encore, tu a**s d**onné, prière, **d**euxième, **ch**e**z**, enfant.

Dictée 2

C'est la deuxième fois que je vais en train chez ma marraine. J'ai pris le dernier wagon près du restaurant. C'est encore plus amusant pour un enfant. J'aime prendre le train !

Leçon 5

Exercice 1

souri**s**, renar**d**, **h**ibou, araigné**e**, chat, perdri**x**, sing**e**, canar**d**.

Exercice 2

Je joue, Elle joue, Ils jouent, Tu joues.

Exercice 3

journée, mardi, heure, douce, enfin.

Dictée 1

dou**ce**, **e**nfin, elles jou**ent**, **h**eu**r**e, ma**r**di, tu jou**es**, journ**ée**, tu **as** joué, vi**e**.

Dictée 2

Un beau jour d'été, j'ai passé la journée chez mon ami Marco. Maman devait venir me chercher mais j'ai finalement dormi chez lui. Le lendemain, c'était mardi et nous avons joué jusqu'à une heure. Enfin, je suis retourné chez moi caresser mon petit minou tout doux, tout doux.

Leçon 6

Exercice 1

Vérifiez la majuscule et le point à la fin de chaque phrase.
Ma mère aime beaucoup les bleuets. **J**'écris une belle lettre à Olivier. **S**ophie fait son devoir dans sa chambre.

Exercice 2

j'ai parlé, ils parlent et ils ont parlé, tu parles et tu as parlé, elle parle.

Exercice 3

Je mange parfois des bleuets. Ensuite, je bois du lait. Je mettrai ma jupe bleue cette semaine. Fais-tu du vélo après la classe ?

Dictée 1

Dictez la phrase au complet en lisant les deux mots entre parenthèses. Votre enfant devra choisir celui qui convient.
Je range mon (chat ou vélo) dans le garage.
Je vais à l'école cinq jours par (été ou semaine).
Il y a vingt-quatre enfants dans ma (voiture ou classe).
Le (dimanche ou vendredi) est un jour d'école.
Le ciel est presque toujours (bleu ou vert).

Dictée 2

Il y a cinq jours de classe dans la semaine. Le premier jour est le lundi et le dernier est le vendredi. Parfois, je prends mon vélo bleu pour aller à l'école. Je fais souvent des courses avec mon amie Suzie. Ensuite on rit beaucoup en buvant une limonade. Elle aussi a une bicyclette bleue.

Leçon 7

Exercice 1

noms communs : tante, soulier ; noms propres : Lise, Lafontaine.

Exercice 2

Je cherch**e** mon ballon. Ils cherch**ent** leur flûte à bec. Elle cherch**e** son sac d'école.

Exercice 3

heureus**e**, **t**u cherch**es**, **j**ardin, **h**eureu**x**, **i**ls **o**nt cherch**é**, canar**d**, **n**ous, **c**arte, **v**ent, fois.

Dictée 1

nos, **n**ous, **c**anard, je cherche, une fois, **h**eureu**x**, **n**otre, **v**ent, ils **ch**erch**ent**, jar**d**in, **h**eureu**se**, elles **o**nt **ch**erch**é**, **c**ar**t**e.

Dictée 2

Nos amis sont très heureux de leur voyage. Ils ont cherché longtemps

pour trouver le jardin botanique de l'endroit. Ils nous ont envoyé une carte postale sur laquelle il y avait une étrange fleur bleue. Une fois, par une journée de grand vent, ils ont même aperçu un canard sauvage.

Leçon 8

Exercice 1

Vérifiez la majuscule et le point des trois phrases.
Je mange des carottes. **M**aman équeute les fraises. **A**imes-tu le melon**?** Je compte **trois** phrases.

Exercice 2

j'ai demandé: en rouge; **tu** demandes, **tu as** demandé: en jaune; **ils** ou **elles** demandent: en rose; **il** ou **elle** demande: en vert.

Exercice 3

cas, comment, seule, samedi, demander, dimanche, qui, fin, quand, café.

Dictée 1

café, comment; sac, seule (prononcez le e final); quand, qui; samedi, seul; dimanche, demander.

Dictée 2

Chère grand-maman,
Je suis seul (ou seule) aujourd'hui et je t'écris une petite lettre. J'aime quand nous allons manger chez toi le samedi ou le dimanche. Quand tu prends le café avec papa et maman, je donne à manger à ton chat Pinotte. Tu sais, mon ami Thierry qui est dans ma classe? Il a perdu une dent hier.
À bientôt, grand-maman

Leçon 9

Exercice 1

co**nt**ent, i**mp**ossible, bo**mb**e, e**mp**orter ou i**mp**orter, si**ng**e ou so**ng**e, pla**nch**e, pa**nt**alon, septe**mb**re, ja**mb**e, cha**mp**ignon, bo**nb**on, m**ent**on.

Exercice 2

Aujourd'hui,	Hier,
Je monte l'escalier.	J'ai monté l'escalier.
Tu montes le sentier.	Tu as monté le sentier.
Il monte l'échelle.	Elle a monté l'échelle.
Elles montent à cheval.	Ils ont monté à cheval.

Exercice 3

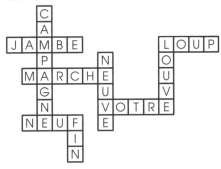

Dictée 1

Dictée 2

Je fais une marche à la campagne. Je monte un sentier. J'échappe mon beau chapeau neuf dans l'eau du ruisseau. J'ai un peu mal à une jambe et je m'arrête. J'entends: «Houououu, Houououu!» Je vois un loup et une louve qui veulent s'approcher de moi. J'ai peur!
«Mollo, éteins la télévision et viens manger!»

Leçon 10

Exercice 1

ch = k: chronomètre, orchestre, chorale.

Exercice 2

Aujourd'hui, je dors, tu dors, elle dort, ils dorment.
Hier, j'ai dormi, tu as dormi, il a dormi, elles ont dormi.

Exercice 3

jo**yeux**, do**rm**ir, tu do**rs**, **soir**, **mat**in, me**rc**redi, je**ud**i, jo**yeuse**, **vit**e, **joie**, il do**rt**, **cha**que.

Dictée 1

tu do**rs**, jo**yeux**, do**rm**ir, **soir**, **mat**in, **cha**que, il do**rt**, me**rc**redi, je**ud**i, jo**yeuse**, **vit**e, **joie**.

Corrigé

Dictée 2

Il m'arrive toujours <u>de</u> drôles d'aventures <u>chaque</u> <u>fois</u> <u>que</u> <u>je</u> promène <u>le</u> <u>chien</u> <u>de</u> monsieur Levasseur. Il <u>est</u> tout <u>joyeux</u> et il court <u>vite</u>. <u>Mercredi</u> <u>matin</u>, <u>j'ai</u> échappé <u>sa</u> laisse et il <u>a</u> poursuivi <u>un</u> écureuil. J'ai couru longtemps <u>avant</u> <u>de</u> le rattraper. Le <u>soir</u>, j'étais épuisé. Je me <u>demande</u> <u>bien</u> ce qu'il me réserve <u>jeudi</u> prochain!

Leçon 11

Exercice 1

c et g doux: dou**ce**, le**ç**on, pa**ge**, oran**gea**de;
c et g durs: **ca**nard, **cla**sse, fi**gu**re, **gâ**teau.

Exercice 2

<u>Il</u> finit son devoir. <u>Tu</u> as fini de jouer. <u>Elles</u> ont fini de manger. <u>J'ai</u> fini de parler. <u>Je</u> ou <u>Tu</u> finis d'étudier. <u>Elles</u> finissent leur travail. <u>Il</u> a fini l'exercice.

Exercice 3

a) onze, douze; b) que; c) chose, coup, comme; d) livre.

Dictée 1

Jouez le jeu et écrivez sur une feuille la dictée que vous donnera votre enfant. N'oubliez pas d'écrire en lettres détachées.

Dictée 2

Cachez la dictée 1 avec une feuille et redonnez à votre enfant les mêmes phrases qu'il vous a dictées.
Je finis de lire un livre avec maman.
J'ai aimé la page onze.
Papa me demande la leçon douze.
Comme moi, il est bien content.
Je te donne une chose que j'aime.

Leçon 12

Exercice 1

une b**ille**, une chen**ille**, un chand**ail**, une méd**aille**, une m**aille**, un pap**illon**, un évent**ail**.

Exercice 2

Maman ouvre…; Tu ouvres…; J'ai ouvert…; J'ouvre…

Exercice 3

bas, couleur, famille, gris, grise, oncle, puis, voici.

Dictée 1

il a ou**vert**, on**cle**, **g**rise, j'ouv**r**e, **v**oici, ouv**r**ir, tu ouv**r**es, **c**ouleur, **b**as, famille, p**eau**, **p**uis.

Dictée 2

<u>Mon</u> oncle Robert <u>est</u> très gentil. <u>Il</u> arrive <u>chez</u> <u>moi</u> et j'ouvre la porte. <u>Il</u> me <u>donne</u> une boîte. «Veux-tu l'<u>ouvrir</u>? <u>Voici</u> Gustave, <u>un</u> nouvel <u>ami</u> de la <u>famille</u>.» <u>Il</u> y <u>avait</u> un <u>beau</u> <u>chat</u> de <u>couleur</u> <u>grise</u>. Il l'a mis <u>dans</u> mes <u>bras</u> et j'ai senti ma <u>peau</u> toute <u>douce</u> à son contact. <u>Puis</u> il m'a dit de <u>demander</u> à mes parents <u>si</u> <u>je</u> pouvais le garder. <u>Je</u> <u>pense</u> qu'<u>ils</u> le savaient déjà!

Leçon 13

Exercice 1

Mollo n'a pas faim. Nous ne sommes pas partis.

Exercice 2

Je <u>fais</u> du vélo. Tu <u>fais</u> un gâteau. Maman <u>fait</u> du canot. J'<u>ai fait</u> peur aux oiseaux. Mes parents <u>font</u> une promenade.

Exercice 3

personne, monde, figure, banane, triste, treize, entre, jamais.

Dictée 1

personne, je fais, monde, figure, ils font, triste, treize, entre, banane, jamais, elle fait, lit.

Dictée 2

<u>Le</u> <u>petit</u> ouistiti est <u>seul</u> au <u>monde</u>. <u>Il</u> n'<u>a</u> <u>jamais</u> <u>personne</u> avec <u>qui</u> jouer. Il <u>fait</u> toujours <u>de</u> grands sauts <u>entre</u> son <u>lit</u> <u>et</u> la rivière. <u>Un</u> bébé zèbre passe <u>à</u> <u>côté</u>. Quelle <u>triste</u> <u>figure</u> il <u>a</u>, ce ouistiti! «<u>Si</u> <u>tu</u> <u>fais</u> un sourire, <u>je</u> te <u>donne</u> <u>treize</u> <u>bananes</u>.» Il <u>a</u> <u>bien</u> ri <u>et</u> maintenant <u>ils</u> <u>sont</u> amis.

Leçon 14

Exercice 1

masculin: écureuil, soleil, fenouil;
féminin: merveille, grenouille, feuille.

Exercice 2

je <u>lis</u>, tu <u>lis</u>, Jonathan <u>lit</u>. Hier, j'<u>ai lu</u>, tu <u>as lu</u>, Jonathan <u>a lu</u>.

---

page 78

Exercice 3

chemin, pluie, vieux, soleil, vieille, aussi, ici, feuille.

Dictée 1

chemin, j'ai lu, pluie, il lit, aussi, vieux, tu lis, neige, soleil, feuille, ici, vieille.

Dictée 2

<u>Une</u> <u>vieille</u> <u>dame</u> dort <u>sur</u> <u>un</u> banc. Le vent, mêlé de <u>pluie</u> et de <u>neige</u>, fait tourbillonner les <u>feuilles</u>. J'avance un <u>peu</u> <u>plus</u> sur le <u>chemin</u>. J'aperçois <u>aussi</u> le <u>soleil</u> qui essaie timidement <u>de</u> sortir. «Hé, <u>madame</u>, réveillez-vous, <u>il</u> <u>fait</u> trop <u>froid</u>!» «<u>Lève-toi</u>, Stéphanie, <u>il</u> <u>est</u> temps d'aller <u>à</u> <u>l'école</u>!»

Leçon 15

Exercice 1

ain, ein, oin: refrain, ceinture, loin; ian, ien, ion: triangle, rien, champion.

Exercice 2

Je <u>dois</u>, tu <u>dois</u>, maman <u>doit</u>.

Exercice 3

devoir, je dois, quatorze, pauvre, tu dois, loin, rien, il doit, image, pain.

Dictée 1

quatorze, devoir, lecture, pain, je dois, pauvre, image, élève, loin, il doit, rien, tu dois.

Dictée 2

Je <u>suis</u> un <u>élève</u> travaillant <u>mais</u> aujourd'hui <u>j'ai</u> de la difficulté à <u>faire</u> mon <u>devoir</u> et ma <u>lecture</u>. Je ne retiens <u>rien</u> et <u>je</u> me mets <u>à</u> dessiner. <u>Je</u> trace un <u>train</u>, un <u>chemin</u>, un <u>petit</u> bout de <u>pain</u> et <u>quatorze</u> fleurs étranges. J'entends <u>des</u> mots <u>qui</u> viennent de <u>loin</u>: «<u>Pauvre</u> <u>toi</u>, tu t'étais endormi <u>sur</u> <u>ton</u> cahier!› me dit <u>maman</u>.

Leçon 16

Exercice 1

masculin: un ami, un arbre, un étudiant; féminin: une fleur, une étudiante, une amie.

Exercice 2

Tu <u>peux</u>; Grand-papa <u>peut</u>; Je <u>peux</u>.

Exercice 3

Mon <u>amie</u> Marianne et mon <u>ami</u> Marco sont venus jouer chez moi aujourd'hui. Nous avons dessiné <u>tout</u> doucement sur du <u>papier</u> <u>doré</u>. Je peux dire que ce <u>jeu</u> nous a bien amusés <u>toute</u> la journée.

Dictée 1

mon <u>ami</u> Frédéric; une brioche <u>toute</u> <u>dorée</u>; un <u>jeu</u> amusant; <u>merci</u>, mon <u>amie</u> Amélie; un <u>papier</u> <u>doré</u>.

Dictée 2

<u>Mon</u> <u>ami</u> Marco et <u>mon</u> <u>amie</u> Marianne <u>sont</u> venus jouer <u>chez</u> <u>moi</u> aujourd'hui. <u>Nous</u> avons fabriqué <u>une</u> <u>fleur</u> <u>dorée</u> <u>avec</u> <u>du</u> <u>papier</u>. Je <u>peux</u> <u>dire</u> <u>que</u> ce jeu <u>nous</u> a <u>bien</u> amusés <u>toute</u> la journée. <u>Ils</u> <u>ont</u> dit <u>merci</u> à <u>maman</u> <u>en</u> partant.

Leçon 17

Exercice 1

Des <u>mots</u> <u>magiques</u>, les <u>joyeuses</u> <u>musiques</u>, des <u>villes</u> <u>peuplées</u>, les <u>montagnes</u> <u>élevées</u>.

Exercice 2

Tu <u>veux</u>; Tante Suzie <u>veut</u>; Je <u>veux</u>.

Exercice 3

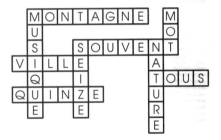

Dictée 1

musique, souvent, quinze, montagne, nature, mot, seize, ville, tous.

Dictée 2

«À <u>quinze</u> ou <u>seize</u> ans, me raconte grand-maman, <u>j'ai</u> <u>aimé</u> <u>tous</u> <u>mes</u> dimanches <u>avec</u> mes <u>amis</u> (ou <u>amies</u>). Nous allions <u>souvent</u> <u>nous</u> promener <u>sur</u> le mont Royal. <u>C'est</u> <u>bien</u> de retrouver cette belle <u>nature</u> sur la <u>montagne</u> <u>en</u> pleine <u>ville</u>. Nous aimions écouter de la <u>musique</u>, marcher sous <u>les</u> <u>arbres</u> <u>et</u> nourrir <u>les</u> écureuils.»

Corrigé

Leçon 18

Exercice 1

routes, animaux, chevaux, fruits.

Exercice 2

Luc <u>va</u>; Tu <u>vas</u>; Mes parents <u>vont</u>; Je <u>vais</u>.

Exercice 3

Karine.

Exercice 4

aller, animal, cheval, oiseau, près, route, sans, violet.

Dictée 1

près, je vais, animal, route, violette, ils vont, aller, sans, feu, cheval, elle va, violet, oiseau, tu vas.

Dictée 2

J'aime <u>mon</u> camp <u>de</u> vacances. <u>Il y a</u> beaucoup d'<u>animaux</u>. Des <u>chevaux</u>, des <u>chiens</u>, des <u>chats</u> et un <u>oiseau qui</u> parle. Mon <u>animal</u> préféré <u>est</u> Carotte, un <u>beau cheval</u> brun. Quelquefois, <u>je</u> rêve <u>que</u> je me promène <u>avec lui sur</u> la <u>route</u>. Je rêve <u>aussi que je suis</u> près du <u>feu</u> de camp <u>à</u> manger <u>des</u> guimauves.

Leçon 19

Exercice 1

des <u>coeurs</u>, les <u>boeufs</u>, les <u>oeufs</u>, ces <u>noeuds</u>.

Exercice 2

Je m'amuse, Frédéric s'amuse, Mes tantes se sont amusées, Tu t'es amusé, Marie s'est amusée.

Exercice 3

roi, amusant, oeuf, ils, coeur, patate, elle, légume.

Dictée 1

coeur, patate, amusant, elle, légume, oeuf, ils, roi.

Dictée 2

Je <u>m'amuse</u> quand <u>je vais</u> aider grand-papa à la ferme. <u>Il dit que je suis</u> le champion <u>pour</u> ramasser les <u>patates</u> et tous les <u>autres légumes</u>. <u>Ensuite</u>, <u>nous</u> allons chercher les <u>oeufs dans</u> le poulailler. Quand c'est terminé, <u>nous</u> jouons aux cartes. Quand <u>il</u> a le <u>roi de coeur</u>, <u>il</u> rit et me taquine. <u>Il dit</u> qu'il sera <u>le</u> gagnant.

Leçon 20

Exercice 1

Noms: nuits, yeux, visages; verbes: deviennent, observent, font.

Exercice 2

Hier, Julie <u>est devenue</u>; François <u>est devenu</u>; c'est mon frère qui <u>devient</u>.

Exercice 3

visage, toujours, voilà, pays, contente, paire, nez, nuit.

Dictée 1

nez, nuit; content, contente; paire, pays; visage, voilà.

Dictée 2

La <u>nuit</u>, je <u>fais</u> parfois de <u>gros</u> cauchemars. Je vois des <u>animaux</u> étranges <u>dans</u> des <u>pays</u> imaginaires. <u>Voilà que</u> l'un d'eux <u>me</u> regarde <u>avec</u> sa grosse <u>paire</u> de lunettes bizarres. Son <u>nez est bleu</u> et son <u>visage devient tout violet</u>. <u>Même</u> si <u>c'est</u> un monstre gentil, je <u>suis toujours content quand</u> je m'éveille.

Dans les pages centrales, ce qui se cache dans la tente de Mollo? Une gentille mouffette.